VEREINFACHTE LESESTÜCKE – AKTIV-BÜCHER

Diese Reihe vereinfachter Lektüren beinhaltet einen Wortschatz von ungefähr 600 Wörtern.

Sie sind für Schüler zwischen 12 und 16 Jahren, die seit zwei Jahren Deutsch lernen, geeignet.

Diese Lesestücke sind besonders als Hilfsmaterial für den Deutschlehrer als zweite Sprache nützlich, denn sie sind so aufgebaut, um das aktive Lesen zu fördern: Auf der linken Seite steht die Geschichte, mit den Worterklärungen in Deutsch, und auf der rechten Seite stehen Übungen, die sich jeweils nur auf den entsprechenden Text beziehen.

Somit ist der Schüler gezwungen, nicht nur zu prüfen, ob er den Text verstanden hat, sondern auch die angewandten Vokabeln, Sätze und Syntaxe usw. zu analysieren und wiederzugeben und dabei seinem Lehrer (und sich selbst) zu ermöglichen, die Verständnisfähigkeit des Textes festzustellen. Daher der Name Aktiv-Buch – worin alle schriftlichen Arbeiten ausgeführt werden. Kein weiteres Papier, kein zweites Buch sind notwendig. Alles, was die Schüler benötigen, haben sie vor den Augen.

Jede Übung ist von einem Beispiel begleitet, das genau erklärt, was der Schüler zu tun hat. Einige Übungen betreffen die grammatikalischen Kenntnisse der deutschen Sprache, andere sind lediglich zum Textverständnis.

Am Ende des Buches kennt der Deutschlernende die Geschichte und wäre auch in der Lage, diese wiederzuerzählen.

Bearbeitung, Übungen und Wörterklärungen
Michael Herrig

Linguistische Beratung
Karin Laviat – Ursula Heider

Alle Rechte vorbehalten.
Nachdruck, auch auszugsweise, in anderer
Version nacherzählt oder in jeglicher Form,
wie elektronisch, fotokopiert, mechanisch,
auf Band übertragen ist ohne vorherige
Erteilung der Erlaubnis von Seiten des
Copyright-Eigentümers nicht gestattet.

Die Prinzessin
Sissi

Michael Herrig

Kaiserin Elisabeth (1837-1890), im Volksmund liebevoll **Sissi** genannt, war die Frau des letzten österreichischen Kaisers, Franz Joseph.
Die bayrische Prinzessin wurde 1854 mit dem Kaiser der Habsburger vermählt. Sissi, die in Bayern eine glückliche Kindheit und Jugend verbrachte, traf in Wien auf den Konservativen und ihr gegenüber weitgehend feindlich eingestellten Hofstaat.

Sissis Heimat

Sissi war eine junge und hübsche Prinzessin und die zweitälteste Tochter des Herzogs Max von Bayern.

Der Herzog lebte mit seiner Familie in einem schönen Schloß in den bayrischen Voralpen in der Nähe eines großen Sees. Er war ein offenherziger[1] und vergnügter Mann. Besonders liebte er es, in seinem See zu angeln, im nahegelegenen Wald zu jagen oder mit seinen Freunden zu kegeln. Wegen seiner einfachen Umgangsart und seinen zahlreichen Hobbys war er in ganz Bayern sehr beliebt.

Sissi hatte noch vier Schwestern und drei Brüder. Sie war wie ihr Vater ein großer Tierfreund und hatte neben ihren drei Hunden sogar ein Gehege[2] mit den verschiedensten Vögeln und einem Rehkitz[3]. Sissi war auch eine sehr gute Reiterin, und ihr Vater sah ihr immer begeistert zu, wie sie mit ihrem Pferd über Hecken und Büsche sprang.

Die Ehefrau des Herzogs Max, die Herzogin Ludowika, war die Schwester der Mutterkaiserin Sofia von Österreich. Doch hatten beide Familien nur wenig Kontakt miteinander, denn der Herzog Max hatte keine große Freude, an Hofbällen oder anderen festlichen Anlässen teilzunehmen, an denen lediglich Adelsfamilien teilnahmen.

Gerüchte aus Wien

Eines Tages bekam die Herzogsfamilie Besuch von Johann Wetzmacher, einem Freund aus Wien. Bei einem Glas Wein berichtete der Freund, daß man in Österreich gespannt auf die noch ausstehende Hochzeit

1. Bilde den Komparativ und Superlativ der Adjektive.

a) jung ...... jünger ...... jüngensten
b) hübsch ...... hübscher ...... hübschensten
c) schön ...... schöner ...... schönesten
d) groß ...... größer ...... größensten
e) offenherzig ...... offenherziger ...... offenherzigsten
f) vergnügt ...... vergnügter ...... vergnügtensten
g) nahegelegen ...... nahegelegener ...... nahegelegensten
h) einfach ...... einfacher ...... einfachensten
i) zahlreich ...... zahlreicher ...... zahlreichensten
j) beliebt ...... beliebter ...... beliebtensten
k) verschieden ...... verschiedener ...... verschiedensten
l) wenig ...... weniger ...... wenigsten
m) festlich ...... festlicher ...... festlichsten
n) gespannt ...... gespannter ...... gespanntensten

teso/ansioso/curioso

2. Bilde den Infinitiv der folgenden Verben.

Beispiel: war – *sein*

a) lebte ...... leben ......   b) liebte ...... lieben
c) angelte ...... angeln ...... d) jagte ...... jagen
e) kegelte ...... kegeln ...... f) hatte ...... haben
g) sah ...... sehen ......   h) sprang ...... springen
i) teilnahmen ...... teilnehmen (participare) j) bekam ...... bekommen
k) berichtete ...... berichten   l) kannte ...... kennen
m) lief ...... laufen ......   n) nahm ...... nehmen
o) floh ...... fliehen ......   p) brachte ...... bringen

scoppare
berichten → raccontare

---

1. **offenherzig:** *freimütig.* franco, sincero, aperto
2. **Gehege:** *Stall für Tiere.*
3. **Rehkitz:** *junges Reh.* cucciolo di capriolo / capriolo

des jungen Kaisers Franz Joseph wartete.

Das interessierte die Herzogin Ludowika sehr, denn war doch der junge Kaiser ihr eigener Neffe. Sie fragte schnell mit etwas aufgeregter Stimme: »Ja, weiß man denn schon, wer die zukünftige Kaiserin von Österreich werden soll?«

Insgeheim[1] dachte sie auch an ihre älteste Tochter Helene, die – wie auch die etwas jüngere Sissi – bereits erwachsen war und auch bald heiraten könnte. Doch ließ sie sich natürlich nichts anmerken.

»Es sind alles nur Gerüchte[2]. Niemand weiß etwas Konkretes. Die Kaiserfamilie hält natürlich den Namen der zukünftigen Braut streng geheim«, meinte Herr Wetzmacher, während er geheimnisvoll auf sein Weinglas schaute.

Die Herzogin konnte ihre Enttäuschung nicht verbergen, denn es gäbe nichts Schöneres für sie, als wenn ihre älteste Tochter Helene Kaiserin von Österreich werden würde.

Die Kaiserfamilie in Österreich

In Österreich herrschte zu dieser Zeit etwas Unruhe, denn Revolutionäre und Gegner der Monarchie wollten ein Attentat auf den Kaiser ausüben. Deshalb hatte der Polizeichef Wiens für den Kaiser höchste Sicherheitsstufe[3] angeordnet.

Doch die Mutter des Kaisers war hauptsächlich mit der noch ausstehenden Hochzeit ihres Sohnes beschäftigt. Sie wollte um jeden Preis verhindern, daß sich zum Schaden der Kaiserfamilie die Gerüchte um

3. Bilde das Präsens und Perfekt der folgenden Verben.

Beispiel: sie war / *sie ist* / *sie ist gewesen*

a) man wartete — man warte / man hat gewartet
b) es interessierte — es interessiert / es ist interessiert
c) sie fragte — sie frage / sie hat gefragt
d) man wußte — man weiß / man hat gewissen
e) es wurde — es wird / es ist gewurde
f) sie dachte — sie denke / sie hat gedacht
g) sie konnte — sie kann / sie hat gekonnt
h) sie heiratete — sie heirate / sie hat geheiratet
i) ich ließ — ich lasse / ich habe gelassen
j) es waren ....
k) niemand wußte — niemand weiß / n. hat gewissen

4. Setze die Artikel ein und bilde den Plural.

Beispiel: *die* Prinzessin – *die Prinzessinnen*

a) der Kaiser — die Kaisers
b) die Herzogin — die Herzoginen
c) der Neffe — die Neffe
d) die Stimme — die Stimmen
e) die Tochter — die Töchter
f) das Gerücht — die Gerüchte
g) die Familie — die Familien
h) ..... Namen
i) die Braut — die Bräute
j) das Glas — die Gläser
k) die Enttäuschung — die Enttäuschungen
   ↓
   delusione

---

1. **Insgeheim:** *Heimlich.* di nascosto / in segreto
2. **Gerüchte:** *heimliche Stimmen, Gerede.* — chiacchiere, pettegolezzi
3. **Sicherheitsstufe:** *Schutzvorkehrung.*

den unverheirateten Kaiser noch weiter verbreiteten, denn in allen anderen Ländern Europas waren die Könige verheiratet.

Nach eingehenden[1] Überlegungen, das Für und Wider abwägend, entschloß sie sich, ihrem Sohn die älteste Tochter ihrer Schwester Ludowika, die Prinzessin Helene, als Braut zu empfehlen, auch wenn sie leider keine Österreicherin war.

»Prinzessin Helene ist ein junges, hübsches und, was vor allem wichtig ist, ein adeliges Fräulein. Niemand in Österreich oder im Ausland wird Anstoß an ihr nehmen, auch wenn sie leider die Tochter dieses seltsamen[2] Herzogs Max von Bayern ist«, erklärte sie ihrem etwas erstaunten Sohn.

»Aber liebste Mutter, wenn ich sie doch nur ein einziges Mal vor Jahren gesehen habe und kaum kenne. Vielleicht stellt sich heraus, daß wir uns gar nicht lieben. Sollte ich nicht besser selbst meine zukünftige Gemahlin[3] aussuchen?«, antwortete der Kaiser.

»Die Liebe kommt automatisch mit der Zeit. Vertrauen Sie mir nur, mein Sohn. Ich habe dem Kaiserreich einen neuen Kaiser geschenkt, und nun möchte ich ihm auch eine Kaiserin schenken. Immer habe ich nur an Euer Wohl[4] gedacht. Auch jetzt habe ich für Euch und für Österreich eine gute Wahl getroffen«, entgegnete die Mutter entschieden.

»In meiner ganzen Familie ist mir Onkel Max der Sympatischste. Nun, wenn es denn sein muß, beuge ich mich Eurem Willen«, gab der Kaiser etwas unsicher seiner Mutter zur Antwort.

5. Wohin gehören die folgenden Verben? Zur Gruppe der starken oder schwachen Verben? Setze in die richtige Spalte!

		Starke Verben	Schwache Verben
Beispiel:	nehmen	*nahm*	
	leben		*lebte*
a)	verbreiten		verbreitete
b)	heiraten		verheiratet
c)	entschließen (decidere)	entschloß	
	consigliare		
d)	empfehlen		
e)	erklären		erklärte
f)	sehen	sah	
g)	kennen	könnte	
h)	lieben		liebte
i)	suchen		

6. Setze in die indirekte Rede.

Beispiel: Sie sagte: »Prinzessin Helene ist ein junges, hübsches Fräulein.«

Sie sagte, Prinzessin Helene sei ein junges, hübsches Fräulein.

a) Sie meinte: »Niemand in Österreich oder im Ausland wird Anstoß an ihr nehmen.«

   ....

b) Der Kaiser antwortete: »Ich habe sie doch nur ein einziges Mal vor Jahren gesehen und kenne sie kaum.«

   ....
   ....

c) Er fragte: »Sollte ich nicht besser selbst meine zukünftige Gemahlin aussuchen?«

   ....
   ....

---

1. **eingehenden**: *intensiven.*
2. **seltsamen**: *eigenartigen.* strano/singolare
3. **Gemahlin**: *Ehefrau.*
4. **Wohl**: *Bestes.*

Die Nachricht aus Wien

Einige Tage später bekam die Herzogin Ludowika von ihrer Schwester Sofia per Eilboten[1] einen Brief.

Die Herzogin öffnete aufgeregt den Brief, als wenn sie bereits dessen Inhalt ahnen[2] würde. Fassungslos und zugleich überglücklich las sie die unglaubliche Nachricht, daß nach Meinung ihrer Schwester ihre älteste Tochter Helene die zukünftige Kaiserin von Österreich werden solle.

Die Herzogin mußte sich hinsetzen, um nicht in Ohnmacht zu fallen. Sollte ihr Traum wirklich in Erfüllung gehen?

»Was meine Schwester bisher wünschte, das war auch immer eingetreten[3]«, sagte sie leise zu sich. Schnell rief sie nach ihrer Tochter Helene.

Die Prinzessin Helene las mit strahlenden[4] Augen den Brief und umarmte vor Glück weinend ihre Mutter. War es möglich, daß wirklich sie die Glückliche sein sollte, die Kaiserin von Österreich werden würde?

»Doch laß uns jetzt keine Zeit verlieren. Wir müssen jetzt alles für das Treffen mit meiner Schwester Sofia und dem Kaiser Franz Joseph vorbereiten. Und sage bloß kein Wort zu den anderen. Die Nachricht muß noch geheim bleiben«, sagte die Herzogin zu ihrer Tochter, bereits darüber nachdenkend, welches Kleid ihre Tochter Helene anziehen solle.

Um selbst vor ihrem Ehemann die unglaubliche Nachricht geheim zu halten, denn dieser würde sofort alles seinen Freunden weitererzählen, hatte die Herzogin beschlossen, Sissi als Begleiterin mitzu-

7. Bilde die Nomen aus folgenden Begriffen.

Beispiel: schenken – das *Geschenk*
a) öffnen – die ....
b) aufgeregt – die ....
c) glücklich – das *Glück*
d) wirklich – die ....
e) wünschen – der *Wunsch*
f) verlieren – der ....
g) vorbereiten – die ....
h) geheim – das *Geheimnis*
i) anziehen – der *Anzug*
j) beschließen – der ....
k) nah – die ....
l) begeistert – die ....
m) springen – der *Sprung*

8. Vervollständige die Sätze mit den fehlenden Vorsilben.
be – ein – hin – um – ver – vor

a) Einige Tage später ....kam die Herzogin Ludowika von ihrer Schwester Sofia einen Brief.
b) Die Herzogin mußte sich ....setzen, um nicht in Ohnmacht zu fallen.
c) Was ihre Schwester bisher wünschte, das war auch immer ....getreten.
d) Die Prinzessin Helene las den Brief und ....armte vor Glück weinend ihre Mutter.
e) »Laß uns jetzt keine Zeit ....lieren.«
f) Sie müssen alles für das Treffen mit dem Kaiser Franz Josef ....bereiten.

---

1. **Eilbote**: *Überbringer von Expreßbriefen.*
2. **ahnen**: *wissen, vermuten.*
3. **eingetreten**: *geschehen.*
4. **strahlenden**: *leuchtenden.*

nehmen. So konnte niemand einen Verdacht schöpfen, denn offiziell[1] machten sie lediglich einen Wochenendausflug nach Österreich.

Dem Herzog von Bayern kam das ganz recht, denn so konnte er endlich wieder ungestört mit seinen Freunden im Ort kegeln.

Das Treffen in Österreich

Das Treffen sollte in Österreich in einem kleinen, unauffälligen[2] Ort namens Ischra in den Bergen stattfinden. Es war ein wunderschöner Tag, und die Herzogin war mit ihren beiden Töchtern als erste angekommen. Sie warteten auf der Terrasse eines Hotels auf die Kaiserfamilie. Selbst Sissi wußte nichts von dem wirklichen Anlaß[3] des Geheimtreffens.

Die Mutter des Kaisers kam in Begleitung ihres jüngeren Sohnes Ludwig und des Polizeichefs aus Wien. Der Polizeichef war sehr beunruhigt[4] über diese Reise der Kaiserfamilie. Deshalb kümmerte er sich auch sofort um die zu treffenden Sicherheitsvorkehrungen für den Kaiser, der etwas später nachkommen wollte, da er zu sehr mit seinen Amtsgeschäften beschäftigt war.

Als die Kaiserfamilie aus ihrer Kutsche ausstieg, lief die Herzogin auch schon zu ihrer Schwester, um sie zu umarmen. »Meine liebste Schwester Sofia, wie schön, dich wiederzusehen«, begrüßte die Herzogin ihre Schwester. »Liebe Schwester Ludowika, ich hoffe, du hast nicht zu lange auf uns warten müssen. Mein Sohn Franz Josef wird etwas später ankommen. So haben wir noch etwas Zeit, alles zu besprechen«,

9. Setze die folgenden Sätze ins Perfekt.

Beispiel: Sie hält selbst vor ihrem Ehemann die unglaubliche Nachricht geheim.

Sie hat selbst vor ihrem Ehemann die unglaubliche Nachricht geheimgehalten.

a) Offiziell machen sie lediglich einen Wochenendausflug nach Österreich.
   ....
   ....

b) Der Herzog kegelt ungestört mit seinen Freunden im Ort.
   ....

c) Das Treffen findet in einem kleinen Ort namens Ischra in den Bergen statt.
   ....
   ....

d) Sie warten auf der Terrasse eines Hotels auf die Kaiserfamilie.
   ....

10. Fragen zum Text. Antworte in ganzen Sätzen.

a) Warum konnte niemand einen Verdacht schöpfen?
   ....

b) Was konnte der Herzog von Bayern endlich wieder ungestört machen?
   ....

c) Wo sollte das Treffen stattfinden?
   ....

d) In wessen Begleitung kam die Mutter des Kaisers?
   ....

e) Worum kümmerte sich der Polizeichef?
   ....

f) Warum wollte der Kaiser etwas später nachkommen?
   ....

---

1. **offiziell**: *hier: angeblich.*
2. **unauffälligen**: *ruhigen.*
3. **Anlaß**: *Grund.*
4. **beunruhigt**: *besorgt.*

meinte die Mutter des Kaisers.

Doch als sie Sissi sah, meinte sie aufgeregt zu ihrer Schwester: »Was? Du hast auch Sissi mitgebracht? Wie konntest du nur, Ludowika!«

Sissi war ihrer Tante nicht sehr sympathisch, denn sie war von ihrem Temperament[1] her zu sehr ihrem Vater ähnlich. »Mach dir keine Sorgen, liebe Sofia. Sissi ist inzwischen erwachsen geworden und wird nichts Schlimmes anstellen. Ich selbst werde auf sie aufpassen«, beruhigte die Herzogin ihre Schwester.

Prinz Ludwig hingegen war Sissi sehr sympathisch, er war besonders fasziniert von ihren strahlenden Augen. Er ging mit ihr in der Nähe spazieren, denn sie hatten sich einiges zu erzählen seit ihrer letzten Begegnung.

Als sie den Wald erreichten, meinte er zu Sissi: »Warum telegrafierst du nicht heimlich Onkel Max, daß er kommen soll, denn hier in der Gegend ist ein herrliches Jagdrevier[2]. Dein Vater hat doch so viel Spaß[3] am Jagen. Das wäre eine schöne Überraschung« »Oh ja! Sobald wir wieder im Dorf sind, werde ich ihn telegrafisch benachrichtigen«, sagte Sissi begeistert.

Als sie wieder in ihr Hotel zurückgekehrt waren, ging Sissi direkt in ihr Zimmer. Ihre Mutter erwartete sie bereits etwas in Sorge. Um sicher zu sein, daß Sissi auch wirklich nichts anstellen würde, sperrte sie sie in ihr Zimmer. »Jetzt bleibst du bitte in deinem Zimmer und ruhst dich etwas aus«, versuchte die Herzogin Sissi zu überzeugen, denn sie mußte doch ihre Tochter Helene für die wichtige Begegnung mit ihrem Neffen Kaiser Franz Joseph zurechtmachen[4].

11. **Setze die folgenden Sätze ins Futur.**

a) Prinz Ludwig geht mit Sissi in der Nähe spazieren.
   ....

b) Sie haben sich einiges zu erzählen seit ihrer letzten Begegnung.
   ....

c) Sie telegrafiert heimlich ihrem Vater, daß er kommen soll.
   ....

d) Ihr Vater hat viel Spaß am Jagen.
   ....

e) Ihre Mutter erwartet sie etwas in Sorge.
   ....

f) Sissi bleibt in ihrem Zimmer, um sich etwas auszuruhen.
   ....

12. **Bilde Relativsätze.**

Beispiel: Der Polizeichef war sehr besorgt um den Kaiser. Der Polizeichef kümmerte sich um alle Sicherheitsvorkehrungen.

Der Polizeichef, der sehr besorgt um den Kaiser war, kümmerte sich um alle Sicherheitsvorkehrungen.

a) Die Mutter des Kaisers war wegen Sissi besorgt. Sie konnte Sissi nicht leiden.
   ....

b) Sissi war ihrer Tante nicht sehr sympathisch. Sie war vom Temperament her sehr ihrem Vater ähnlich.
   ....

c) Die Herzogin beruhigte ihre Schwester. Die Herzogin machte sich keine Sorgen wegen Sissi.
   ....

d) Sissi war Prinz Ludwig sehr sympathisch. Der Prinz war besonders von ihren strahlenden Augen fasziniert.
   ....

---

1. **Temperament**: *Charakter*.
2. **Jagdrevier**: *Jagdgebiet*. — riserva di caccia
3. **Spaß**: *Freude*.
4. **zurechtmachen**: *vorbereiten*.

Doch Sissi kümmerte[1] das wenig. Mit einer Angel stieg sie heimlich aus dem Fenster ihres Zimmers, ohne daß jemand im Hotel etwas bemerkte. Lediglich der Polizeichef, der vor dem Hotel auf alles Ungewöhnliche achtete und auf die Ankunft des Kaisers wartete, beobachtete sie erstaunt. Da er nicht wußte, wer Sissi war, ging er vom Schlimmsten aus; ein möglicher Hinterhalt[2] für den Kaiser.

Heimlich folgte er Sissi zum Telegraphenamt, wo sie ihren Vater benachrichtigte. Der letzte Satz des Telegramms lautete, daß er nicht seine Gewehre vergessen solle. Sissi hatte nicht einmal etwas Geld bei sich, und so bezahlte sie mit einem goldenen Ring, den sie an einem ihrer Finger trug. Während sie sich zum nahegelegenen Fluß aufmachte, um dort etwas zu angeln, kontrollierte der Polizeichef, der bereits alles interessiert von draußen durch das Fenster beobachtet hatte, kraft seines Amtes den Telegrammtext, auch wenn der Postbeamte protestierte, denn das war doch eindeutig ein Verstoß[3] gegen das Postgeheimnis.

Als der Polizeichef den letzten Satz des Telegramms las, hatte er keinen Zweifel mehr, daß man auf den jungen Kaiser Franz Joseph ein Attentat plante.

Sissis unerwartete Begegnung mit dem Kaiser

Der Polizeichef folgte Sissi unauffällig an den Fluß, über den eine Brücke führte. Als die Kutsche des Kaisers die Brücke erreichte, war Sissi gerade dabei, die Angelschnur auszuwerfen, wobei sich der Angelhaken in der Uniformjacke des Kaisers verhakte.

Der Kaiser sprang verwundert[4] auf und rief: »Wer

13. Setze die fehlenden Beistriche an die richtige Stelle. Vergleiche mit dem Text auf der linken Seite.

a) Mit einer Angel stieg sie heimlich aus dem Fenster ihres Zimmers ohne daß jemand im Hotel etwas bemerkte.
b) Lediglich der Polizeichef der vor dem Hotel auf alles Ungewöhnliche achtete beobachtete sie erstaunt.
c) Da er nicht wußte wer Sissi war ging er vom Schlimmsten aus.
d) Heimlich folgte er Sissi zum Telegrafenamt wo sie ihren Vater benachrichtigte.
e) Der letzte Satz des Telegramms lautete daß er nicht seine Gewehre vergessen solle.
f) Sissi bezahlte mit einem goldenen Ring den sie an einem ihrer Finger trug.
g) Sie machte sich zum nahegelegenen Fluß auf um dort etwas zu angeln.

14. Suche das Gegenteil der folgenden Begriffe.

a) wenig ....
b) heimlich ....
c) vor ....
d) ohne ....
e) Ankunft ....
f) letzte ....
g) nahegelegen ....
h) draußen ....
i) aufgeregt ....
j) später ....
k) niemand ....
l) Freund ....

---

1. **kümmerte**: *interessierte*.
2. **Hinterhalt**: *Anschlag*.
3. **Verstoß**: *Verletzung*.
4. **verwundert**: *neugierig*.

angelt da unten am Fluß?« Sissi, die zutiefst erschrocken über den Vorfall war, antwortete: »Einen Moment, Eure Hoheit. Bitte entschuldigen Sie. Ich werde den Haken sofort losmachen«, schnell lief sie zu der Kutsche, um den Kaiser zu befreien.

Als der junge Kaiser Sissi sah, war er vom ersten Moment an sichtlich angetan[1] von ihr. Selbst der besorgte Polizeichef, der so schnell er konnte zum Kaiser lief, um ihn vor einem eventuellen Attentat zu warnen, konnte nicht verhindern, daß der Kaiser mit Sissi spazieren ging, um mit ihr etwas zu plaudern[2]. Natürlich kannte der Kaiser Sissi nicht, denn es war einige Jahre her, als er sie kurz gesehen hatte.

Der Kaiser zeigte Sissi die wunderschöne Landschaft und nannte ihr alle Namen der umliegenden Berge. Auch unterhielten sie sich über ihre Hobbys, wobei der Kaiser erwähnte, daß er sehr gerne jage. »Ich begleite öfters meinen Vater zur Jagd«, sagte Sissi begeistert. »Dann lassen Sie uns doch heute nachmittag zusammen zur Jagd gehen«, erwiderte der Kaiser lächelnd. »Sagen wir um 5.00 Uhr an der Brücke. Und seien Sie bitte pünktlich.« »Einverstanden, Eure Hoheit«, antwortete Sissi überglücklich und ging wieder zu ihrem Hotel, wo sie unbemerkt durch das Fenster in ihr Zimmer kletterte.

Die Ankunft des Kaisers

Die Kutsche des Kaisers war inzwischen im Ort angekommen, jedoch ohne den Kaiser. Die Mutter des Kaisers fragte besorgt den Kutscher: »Wo ist denn mein Sohn geblieben?« »Seine kaiserliche Hoheit hat

**15. Welches Wort paßt nicht in die folgenden Gruppen?
Die Anfangsbuchstaben der nicht passenden Wörter
ergeben ein bekanntes europäisches Schloß.**

a) König – Schloß – Krone – Prinzessin – Monarch – Buch
b) Uhr – Garten – Rasen – Blumen – Baum – Hecke
c) Fernseher – Programm – Sendung – Charakter – Bildschirm – Film
d) Schiff – Hafen – Landebrücke – Klavier – Kapitän – Matrose
e) Flugzeug – Infektion – Flügel – Flughafen – Pilot – Startbahn
f) Säugling – Windel – Schnuller – Kinderwagen – Nebel – Fläschchen
g) Klinik – Arzt – Operation – Gericht – Medikament – Krankenschwester
h) Fußball – Schiedsrichter – Hotel – Tor – Elfmeterball – Freistoß
i) Winter – Glätte – Schnee – Schlitten – Ski – Apotheke
j) Mantel – Eisenbahn – Schiene – Bahnsteig – Lokomotive – Bahnhof
k) Weihnachten – Tannenbaum – Parlament – Nikolaus – Advent – Christkind
l) Arbeit – Einkommen – Vorgesetzter – Atom – Gewerkschaft – Beförderung
m) Oper – Sänger – Orchester – Theater – Luft – Premiere
n) Krieg – Auge – Soldat – Feind – Armee – General
o) Astronaut – Raumstation – Satellit – Schwerelosigkeit – Chor – Weltall
p) Gemälde – Leinwand – Essen – Farben – Rahmen – Modell

Wie heißt das Schloß? ....

16. Bilde Fragen.
wann – wen – worüber – wovor

a) Sissi war zutiefst erschrocken *über den Vorfall*.
b) Schnell lief sie zur Kutsche, um *den Kaiser* zu befreien.
c) Als der Kaiser Sissi sah, war er *vom ersten Moment an* sichtlich antan von ihr.
d) Der Polizeichef wollte den Kaiser *vor einem eventuellen Attentat* warnen.

---

1. **angetan:** *begeistert.*
2. **plaudern:** *reden.*

beschlossen, ein Stück zu Fuß zu gehen. In Damenbegleitung«, antwortete der Kutscher etwas hilflos. »In Damenbegleitung? Was soll das nur bedeuten?«, fragte sich die Mutter des Kaisers.

Inzwischen lag Sissi verliebt auf ihrem Bett und träumte von ihrer Begegnung mit dem Kaiser. Als ihre Mutter das Zimmer betrat, meinte diese: »Sissi, hast du gut geschlafen? Man hat ja überhaupt[1] nichts mehr von dir gehört.« »Mutter, ich hatte einen wunderschönen Traum«, antwortete Sissi mit strahlenden Augen. Doch die Herzogin konnte nicht viel Zeit verlieren, denn bald würde der Kaiser ankommen.

Als dieser das Hotel betrat, warteten bereits[2] seine Mutter mit allen geladenen Gästen, außer Sissi, die in ihrem Zimmer bleiben mußte. Der Kaiser begrüßte seine Tante Ludowika und die Prinzessin Helene. »Wo ist denn Onkel Max? Ist er nicht mitgekommen?«, fragte er. »Mein Mann ist leider zu sehr beschäftigt«, meinte die Herzogin etwas verlegen[3].

Der Herzog hingegen feierte mit seinen Freunden auf der Kegelbahn. Als ihn das Telegramm von Sissi erreichte, rief er lachend zu seinen Freunden: »Ich kann doch jetzt nicht wegfahren, wo ich doch am verlieren bin!« Natürlich waren alle froh über seinen Entschluß[4], denn es war immer ein großer Spaß für sie, mit dem Herzog zu feiern.

Als der Kaiser mit seiner Mutter allein war, versuchte er, ihr den Vorfall mit der Kutsche zu erklären. Doch wußte er weder, woher das junge Fräulein kam, noch ihren Namen. Für seine Mutter war es allerdings jetzt

17. Fragen zum Text. Setze das richtige Wort in den Satz ein.

a) Inzwischen lag Sissi ... auf ihrem Bett.
 • müde • verliebt • traurig

b) Sissi sagte: »Mutter, ich hatte einen wunderschönen ...
 • Tag • Flug • Traum

c) Die Herzogin konnte nicht viel ... verlieren, denn bald würde der Kaiser ankommen.
 • Zeit • Geld • Geduld

d) Der Herzog feierte mit seinen ... auf der Kegelbahn.
 • Tieren • Freunden • Großeltern

e) Als ihn das ... von Sissi erreichte, lachte er.
 • Telegramm • Pferd • Geschenk

f) Für seine Freunde war es ein großer ..., mit dem Herzog zu feiern.
 • Schmerz • Zeitverlust • Spaß

18. Setze die richtigen Artikel ein.
das – das – dem – den – der – des – die

a) »In Damenbegleitung? Was soll das nur bedeuten?«, fragte sich die Mutter .... Kaisers.

b) Inzwischen lag Sissi verliebt auf ihrem Bett und träumte von ihrer Begegnung mit .... Kaiser.

c) Als ihre Mutter .... Zimmer betrat, meinte diese: »Sissi, hast du gut geschlafen?«

d) Der Herzog feierte mit seinen Freunden auf ...... Kegelbahn.

e) Als der Kaiser mit seiner Mutter allein war, versuchte er, ihr .... Vorfall mit der Kutsche zu erklären.

f) Der Polizeichef wartete auf .... Ankunft des Kaisers.

g) Der Polizeichef beobachtete alles interessiert von draußen durch .... Fenster.

---

1. **überhaupt**: *gar*.
2. **bereits**: *schon*.
3. **verlegen**: *schüchtern*.
4. **Entschluß**: *Entscheidung*.

wichtiger, über Helene zu sprechen. »Was halten Sie von der Prinzessin Helene, mein Sohn?« »Nun, sie ist sehr hübsch, aber etwas kühl«, erwiderte der Kaiser. »Das ist nur am Anfang so. Sie werden schon sehen«, beschwichtigte[1] sie ihren Sohn.

Die Jagd mit Sissi

Wie verabredet[2] trafen sich der Kaiser und Sissi um 5.00 Uhr nachmittags an der Brücke, um zusammen jagen zu gehen. Sie gingen im Wald spazieren und unterhielten sich weiter über ihre Hobbys. Dabei stellte sich heraus, daß sie viele Gemeinsamkeiten hatten: Reiten als Lieblingssport, rote Rosen als bevorzugte Blumen, Apfelstrudel als Lieblingskuchen.

Auf einmal sah der Kaiser einen prächtigen Hirsch, nicht weit von ihnen entfernt. Er legte sofort sein Gewehr an und zielte auf das Tier. Sissi jedoch wollte unbedingt den Hirsch vor dem Tod bewahren[3] und nießte so laut sie konnte. Der Hirsch lief natürlich überraschend davon, und der Kaiser schaute erstaunt zu Sissi. Doch konnte er ihr nicht böse sein, denn er hatte Verständnis für ihre Gefühle.

Sie setzten sich an einer abgelegenen Wiese auf eine Bank, und der Kaiser meinte zu Sissi: »Schade, daß ich nur wenige Tage hier bleiben kann. Aber, ich habe Sie ja noch gar nicht nach Ihrem Namen gefragt.« »Bei mir zu Hause nennt man mich die Luise aus Ossenhofen«, sagte Sissi etwas schmunzelnd[4]. »Ja, aber das ist doch der Ort, wo mein Onkel Herzog Max von Bayern wohnt. Kennen Sie ihn etwa?« fragte der

19. Richtig oder falsch?
Wenn du die richtigen Lösungen gefunden hast, ergeben die angekreuzten Buchstaben von oben nach unten gelesen ein bekanntes deutsches Schloß.

		R	F
a)	Das Mikroskop dient zur Vergrößerung von kleinen Gegenständen.	N	C
b)	Das Klavier ist ein Streichinstrument.	T	E
c)	Das Jahr hat 365 Tage.	U	M
d)	Der Rubin ist ein roter Edelstein.	S	G
e)	Hamburg ist eine süddeutsche Hafenstadt.	X	C
f)	Milch ist ein alkoholisches Getränk.	Q	H
g)	Einstein war ein berühmter Komponist.	D	W
h)	Der Monsun ist ein halbjährlich wechselnder Wind in Europa.	L	A
i)	Der Fuchs ist ein vorsichtiges, "schlaues" Tier.	N	Z
j)	Die "Goldene Hochzeit" ist der fünfzigste Jahrestag der Hochzeit.	S	O
k)	Silber ist ein Edelmetall.	T	V
l)	Eine Tonne ist eine Maßeinheit für 1000 kg.	E	U
m)	Tenor ist eine hohe Stimmlage der Frauen.	K	I
n)	Der Schimmel ist ein schwarzes Pferd.	P	N

Wie heißt das Schloß? ....

20. Setze die richtigen Präpositionen ein.
an – auf – im – über – vor – zu

a) Wie verabredet trafen sich der Kaiser und Sissi um 5.00 Uhr nachmittags .... der Brücke.

b) Sie gingen .... Wald spazieren und unterhielten sich .... ihre Hobbys.

c) Der Kaiser legte sofort sein Gewehr an und zielte ...... das Tier.

d) Sissi wollte jedoch unbedingt den Hirsch .... dem Tod bewahren.

e) Der Hirsch lief überraschend davon, und der Kaiser schaute erstaunt .... Sissi.

---

1. **beschwichtigte**: *beruhigte*.
2. **verabredet**: *vereinbart*.
3. **bewahren**: *retten*.
4. **schmunzelnd**: *lächelnd*.

Kaiser erstaunt. »Aber sicher doch! Ich kenne die ganze Familie des Herzogs«, gab Sissi zur Antwort.

Nach einigem Überlegen[1] fragte er sie, ob sie bereits verlobt sei. Sissi verneinte und schaute ihn fragend an. »Leider werde ich mich noch heute verloben müssen, zum Wohle des Kaiserreiches. Aber ich empfinde für meine zukünftige Braut noch nichts. Wenn sie doch nur so sympathisch und hübsch wie Sie wäre«, gestand[2] ihr der Kaiser. »Wie kann man denn jemanden heiraten, den man nicht liebt. Wer soll denn Eure Braut sein?«, fragte Sissi aufgeregt. »Es ist die Prinzessin Helene, die älteste Tochter des Herzogs Max von Bayern.«
Bei diesen Worten sprang Sissi plötzlich auf und lief verzweifelt[3] zurück zu ihrem Hotel. Der Kaiser rief vergeblich nach ihr. Er konnte sich ihr seltsames Verhalten nicht erklären.

Als Sissi in ihr Zimmer ging, versuchte sie, sich vor ihrer Mutter und ihrer Schwester nichts anmerken zu lassen.
Die Herzogin klärte Sissi nun endlich auf und wollte, daß Sissi ihre Schwester zum Abendball begleiten solle. Trotz aller Bitten, von diesem Ball fernbleiben zu dürfen, bestand[4] ihre Mutter auf ihre Anwesenheit.

Der Abendball
Zu diesem wichtigen Ball kamen Könige, Fürsten und Prinzessinen aus ganz Europa, denn die Verlobung eines Kaisers war doch ein ganz besonderer Anlaß.
Als die Prinzessin Helene von Bayern und die

21. Sätze mit *das* oder *daß*.
Vervollständige die folgenden Sätze.

a) Sissi antwortete, ... sie die ganze Familie des Herzogs kenne.

b) Das Hotel, ... vom Polizeichef ununterbrochen überwacht wurde, war sehr groß.

c) Das Verhalten, ... Sissi gegenüber dem Kaiser zeigte, war für ihn unerklärlich.

d) Die Herzogin wünschte, ... Sissi ihre Schwester zum Abendball begleiten solle.

e) Das Zimmer, ... Sissi bewohnte, war sehr ruhig.

f) Zu dem Fest, ... am Abend veranstaltet wurde, kamen Könige, Fürsten und Prinzessinen aus ganz Europa.

g) Die Herzogin war erstaunt, ... Sissi nicht am Abendball teilnehmen wollte.

22. Setze die richtigen Modalverben ein.
dürfen – können – müssen – sollen – wollen

a) Der Kaiser gestand, daß er sich noch am selben Tag verloben ....

b) Sissi verstand nicht, wie man denn jemanden heiraten ...., den man nicht kennt.

c) Der Kaiser .... Sissi heiraten.

d) Trotz aller Bitten Sissis, von diesem Ball fernbleiben zu ...., bestand die Herzogin auf ihre Anwesenheit.

e) Die Mutter verlangte vom Kaiser, daß er ihr vertrauen ... .

---

1. **Überlegen**: *Nachdenken*.
2. **gestand**: *gab ... zu*.
3. **verzweifelt**: *sehr traurig*.
4. **bestand ... auf**: *beharrte ... auf*.

Prinzessin Elisabeth von Bayern angekündigt wurden, klärte sich für den Kaiser beim Erscheinen[1] Sissis alles auf. Er hatte sich in die Schwester seiner zukünftigen Verlobten verliebt. Bei Tisch schaute er immer wieder fasziniert[2] zu Sissi, die sich bei ihrem Unglück nur wenig mit dem Prinzen Ludwig unterhalten wollte.

Als dieser Sissi fragte, welche Blumen sie bevorzuge, meinte sie traurig: »Rote Rosen.« »Für den nächsten Tanz werde ich dir einen Strauß roter Rosen schenken«, versuchte Ludwig sie zu trösten, ohne zu ahnen, weshalb sie so traurig war.

Der Kaiser hatte alles mitgehört und hatte schon einen Plan für den ersten Tanz.

Nach dem Essen zog sich Sissi in einen Nachbarraum zurück. Der Kaiser, der sie nie aus den Augen[3] ließ, folgte ihr. Natürlich hatte er bemerkt, daß auch Sissi nicht glücklich war. Als er sich neben sie setzte, fragte er sie: »Sissi, ich möchte dich fragen, ob du meine Frau und Kaiserin von Österreich werden möchtest.« »Ich kann nicht das Glück zwischen Euch und meiner Schwester zerstören«, antwortete Sissi verzweifelt. »Aber ich liebe nicht deine Schwester Helene, sondern dich«, flehte der Kaiser sie an.

Da betrat die Mutter des Kaisers das Zimmer und bat ihren Sohn, ob sie mit ihm einen Moment alleine sprechen könne. Nachdem sie in ein Nachbarzimmer gegangen waren, meinte die Mutter: »Nun, mein Sohn, es ist endlich der Moment gekommen, Eure Verlobung bekanntzugeben[4]. Haben Sie sich endgültig entschieden?« »Ja, liebste Mutter, ich habe mich entschieden. Für Sissi!«, antwortete der Kaiser selbstbewußt. »Wie bitte?«, entgegnete sie erstaunt.

23. Bilde zusammengesetzte Substantive mit den nachstehenden Wörtern und ergänze den richtigen Artikel.
Apfel – Ausflug – Familie – Frau – Freund – Geschäfte – Kaiser – Polizei – Post – Revier – Schnur – Sicherheit(s) – Strauß – Treffen – Zimmer

a) ...... Tier ....
b) ...... Ehe ....
c) ...... Kaiser ....
d) .... chef
e) .... reich
f) ...... Wochenend ....
g) ...... Geheim ....
h) ...... Amts ....
i) .... vorkehrung
j) ...... Jagd ....
k) ...... Hotel ....
l) .... geheimnis
m) ...... Angel ....
n) ....strudel
o) ...... Blumen ....

24. Fragen zum Text. Antworte in ganzen Sätzen.

a) Was klärte sich für den Kaiser beim Erscheinen Sissis auf?
....
b) Was machte der Kaiser immer wieder bei Tisch?
....
c) Was wollte Prinz Ludwig Sissi zum nächsten Tanz schenken?
....
d) Was fragte der Kaiser Sissi, als sie alleine waren?
....
e) Warum hatte Sissi Zweifel, den Kaiser zu heiraten?
....

---

1. **Erscheinen**: hier: *Eintreten*.
2. **fasziniert**: *begeistert*.
3. **aus den Augen**: *unbeobachtet*.
4. **bekanntzugeben**: *anzukündigen*.

»Ich liebe Sissi. Entweder heirate ich Sissi, oder ich werde niemals heiraten«, beendete der Kaiser das Gespräch.

Die zukünftige Kaiserin Österreichs

Prinz Ludwig, der für Sissi nach roten Rosen fragte, erhielt von einem Diener die Antwort, daß alle roten Rosen bereits für jemanden reserviert[1] seien. Der Prinz fand dafür keine Erklärung.

Als der Moment gekommen war, an dem der Kaiser seine Verlobte bekanntgeben sollte, ging dieser mit einem riesigen Strauß roter Rosen zu Sissi und sagte: »Liebe Sissi, erlaube[2] mir bitte, dir einen Strauß deiner Lieblingsblumen zu schenken.« Sich zu Prinzessin Helene wendend[3], meinte der Kaiser: »Liebe Helene, bitte verstehe meinen Entschluß. Ich liebe deine Schwester Sissi.«

Daraufhin rief einer der anwesenden Fürsten in den Saal: »Es lebe die neue Kaiserin Elisabeth von Österreich!«

Alle Gäste gaben dem Verlobungspaar ihre Glückwünsche, und im ganzen Ort bewunderte[4] man ein riesiges Feuerwerk zu Ehren der Kaiserfamilie.

Die Herzogin tröstete ihre Tochter Helene, und der Polizeichef stand wie versteinert mit offenem Mund da, als er den Kaiser mit der zukünftigen Kaiserin sah.

Die Hochzeit Sissis

Wieder zu Hause in Bayern bereitete Sissi ihre Abreise nach Wien vor. Sie ließ etwas traurig alle ihre Tiere, die sie in ihrem Gehege hielt, frei.

25. Setze in die direkte Rede.

Beispiel: Der Kaiser sagte zu Sissi, daß er sie liebe.
Der Kaiser sagte zu Sissi: »Ich liebe dich.«

a) Sissi sagte zum Kaiser, daß sie nicht das Glück zwischen ihm und ihrer Schwester zerstören könne.
   ....
   ....

b) Die Mutter sagte, daß nun endlich der Moment gekommen sei, die Verlobung des Kaisers bekanntzugeben.
   ....
   ....

c) Der Kaiser meinte zu seiner Mutter, daß er sich für Sissi entschieden habe.
   ....
   ....

d) Der Kaiser sagte zu seiner Mutter, daß er entweder Sissi heiraten oder niemals heiraten werde.
   ....
   ....

26. Bilde Sätze mit *als* oder *wenn*.

a) »...... ich unbedingt heiraten muß, dann möchte ich nur Sissi heiraten.«, sagte der Kaiser.
b) ...... der Kaiser Sissi eintreten sah, klärte sich alles für ihn auf.
c) ...... der Herzog von dem Geheimtreffen gewußt hätte, hätte er alles seinen Freunden erzählt.
d) ...... der Kaiser Sissi den Strauß roter Rosen schenkte, war Prinzessin Helene traurig.
e) ...... man im Ort von der Entscheidung des Kaisers erfuhr, feierte man auf den Straßen.

---

1. **reserviert**: *vorbestellt*.
2. **erlaube**: *gestatte*.
3. **wendend**: *drehend*.
4. **bewunderte**: *bestaunte*.

Auch ihre Schwester Helene hatte sich inzwischen verlobt; mit dem Prinzen von Thurn und Taxis.

Sissi fuhr mit der ganzen Familie auf einem Schiff die Donau entlang nach Wien. In allen Dörfern und Städten, an denen sie vorbeifuhren, standen die Menschen am Ufer oder auf Hügeln, um die neue Kaiserin Österreichs zu begrüßen und willkommen zu heißen.

In Wien hatte man alle Vorbereitungen für die größte Hochzeit Europas getroffen. Alle Straßen Wiens waren geschmückt, Fahnen hingen aus allen Fenstern und vor dem Dom waren rote Teppiche ausgebreitet[1].

Der Kaiser wartete mit seiner Mutter vor dem Altar auf Sissi. Als die kaiserliche Kutsche mit Sissi und ihrem Vater vor dem Dom ankam, jubelten[2] alle Wiener Bürger, die sich auf dem Domplatz versammelt hatten.

Sissi ging in ihrem bezaubernden Hochzeitskleid, dessen langer Schleier über den roten Teppich gleitete, zusammen mit ihrem Vater zum Altar, hinter dem der Erzbischof Wiens die kaiserliche Hochzeitsmesse eröffnete.

Alle Augen waren auf das kaiserliche Hochzeitspaar gerichtet, und für Sissi und den Kaiser Franz Joseph war es der schönste Moment in ihrem Leben. Als der Kaiser den Hochzeitsring an Sissis Finger steckte, begannen die Domglocken zu läuten, und alle Menschen auf dem Kirchplatz, die im großen Wiener Dom keinen Platz[3] gefunden hatten, jubelten dem kaiserlichen Brautpaar zu.

Noch Jahre später sprach man begeistert über diese Jahrhundert-Hochzeit.

27. Ersetze die Subjekte durch das passende Personalpronomen.

a) *Sissi und ihre Familie* fuhren auf einem Schiff die Donau entlang nach Wien.
   ....

b) *Der Kaiser* wartete mit seiner Mutter vor dem Altar auf Sissi.
   ....

c) *Das Hochzeitskleid* hatte einen langen Schleier, der über den roten Teppich gleitete.
   ....

d) *Die kaiserliche Hochzeitsmesse* wurde vom Erzbischof Wiens zelebriert.
   ....

e) *Der Polizeichef* war sprachlos über die Entscheidung des Kaisers.
   ....

28. Fragen zum Text. Antworte in ganzen Sätzen.

a) Mit wem hatte sich die Prinzessin Helene verlobt?
   ....

b) Wie fuhr Sissi mit ihrer Familie nach Wien?
   ....

c) Warum standen alle Menschen am Ufer oder auf den Hügeln?
   ....

d) Wie hatte man sich in Wien auf die größte Hochzeit Europas vorbereitet?
   ....

e) Wo wartete der Kaiser mit seiner Mutter auf Sissi?
   ....

f) Wo waren alle Bürger Wiens versammelt?
   ....

---

1. **ausgebreitet**: *ausgerollt*.
2. **jubelten**: *triumphierten*.
3. **Platz**: hier: *Sitzplatz*.

ERSTE LEKTÜREN

Beaumont	DIE SCHÖNE UND DAS BIEST
Beitat	DIE ZWERGE IM WALD
Beitat	DER KOMMISSAR
Beitat	HERKULES
Dumas	DIE DREI MUSKETIERE
Grimm	ASCHENPUTTEL
Grimm	HÄNSEL UND GRETEL
Müller	BARBAROSSA
Müller	DER WEIHNACHTSMANN
Schiller	WILHELM TELL
Schmid	DER GEIST MURFI
Schön	DER UNFALL
Schön	FINDE DAS GOLD!
Spyri	HEIDI
Stoker	DRACULA
Wagner	DIE MASKE
Wallace	BEN HUR
Wallace	KING KONG

SEHR EINFACHE LEKTÜREN

Ambler	TOPKAPI
A. Doyle	DIE MUMIE
I. Doyle	SHERLOCK HOLMES
Grem	ATTILA DER HUNNENKÖNIG
Krause	FRANKENSTEIN GEGEN DRACULA
Laulat	DIE FLUCHT AUS ALCATRAZ
Paulsen	ALBTRAUM IM ORIENT EXPRESS
Pichler	BONNIE UND CLYDE
Pichler	DER HAI
Pichler	TITANIC
See	WO IST DIE ARCHE NOAH?
See	DIE SCHATZSUCHE
Stevenson	DR. JEKILL UND MR. HYDE
Straßburg	TRISTAN UND ISOLDE

VEREINFACHTE LESESTÜCKE

Beitat	DAS AUGE DES DETEKTIVS
Beitat	DIE GESCHICHTE VON ANNE FRANK
Beitat	GESPENSTERGESCHICHTEN
Beitat	SIEGFRIED HELD DER NIBELUNGEN
Beitat	TILL EULENSPIEGEL
Berger	IN DER HAND SCHINDLERS
Brant	DAS NARRENSCHIFF
Brentano	RHEINMÄRCHEN
Busch	MAX UND MORITZ
Gaber	DAS MONSTER VON BERLIN
Goethe	FAUST
Grimmelshausen	SIMPLICIUS SIMPLICISSIMUS
Grund	DIE MUMIE
Grund	DRACULAS ZÄHNE
Heider	VERSCHWUNDEN IN OST-BERLIN
Herrig	DIE PRINZESSIN SISSI
Hoffmann	STRUWWELPETER
Kopetzky	DAS BERMUDADREIECK
Raupl	ROMMEL DER WÜSTENFUCHS
Shelley	FRANKENSTEIN

LEKTÜREN OHNE GRENZEN

Fontane	EFFI BRIEST
Wagner	DER RING DES NIBELUNGEN

VERBESSERE DEIN DEUTSCH

Büchner	LEONCE UND LENA
Chamisso	PETER SCHLEMIHLS GESCHICHTE
Eichendorff	AUS DEM LEBEN EINES TAUGENICHTS
Goethe	DAS MÄRCHEN
Goethe	DIE LEIDEN DES JUNGEN WERTHER
Grimm	AUSGEWÄHLTE MÄRCHEN
Grimm	DEUTSCHE SAGEN
Hauff	ZWERG NASE
Hoffmann	DER GOLDENE TOPF
Hoffmann	SPIELERGLÜCK
Kafka	DIE VERWANDLUNG
Kafka	IN DER STRAFKOLONIE
Keller	DIE DREI GERECHTEN KAMMACHER
Lessing	FABELN UND ERZÄHLUNGEN
Rilke	DIE LETZTEN
Schiller	WILHELM TELL
Schnitzler	DIE TOTEN SCHWEIGEN
Storm	IMMENSEE
Wedekind	DAS OPFERLAMM

TASCHENBÜCHER

Gotthelf	DIE SCHWARZE SPINNE
Hoffmann	MÄRCHEN
Lessing	EMILIA GALOTTI
Lessing	NATHAN DER WEISE